Rom Reiseführer

Der perfekte Reiseführer für einen unvergesslichen Aufenthalt in Rom

inklusive Insidertipps und Tipps zum Geldsparen

Roman Hünsche

INHALT

Was Sie in diesem Buch erwartet

Rom. Was verbinden Sie mit dieser Stadt? – Denken Sie, Rom, das ist doch die Ewige Stadt? Die Stadt, die gefühlt schon immer da war? Die Sie damals schon im Lateinunterricht fasziniert und begleitet hat?

Ist Rom für Sie die Stadt, in der die alten Römer über das Forum Romanum flanierten und Gladiatoren erbitterte Kämpfe im Kolosseum ausfochten? Möchten Sie die Stadt kennenlernen, in der die großen Kaiser wie Caesar oder Augustus regierten und träumen Sie davon, eines Tages auf den Spuren von Romulus und Remus, den Gründervätern Roms, zu wandeln?

Oder denken Sie: Rom? – Das ist die Heilige Stadt, in der der Papst residiert und die seit langer Zeit regelmäßig Pilger anzieht und zum Schwärmen bringt, sodass man immer das Gefühl hat, etwas gleichsam 'Göttliches' und 'Heilsames' zu verpassen, wenn man noch nie da war?

Thomas Mann sagte einmal: 'Venedig sehen und sterben.' Aber seien wir ehrlich, hätte er nicht viel besser sagen sollen: 'Rom sehen und sterben'? Denn diese Stadt hat etwas, was man nie mehr vergisst, wenn man einmal da war.

Vielleicht begeistern Sie sich aber auch für Architektur und wünschen sich sehnlichst, einmal den Petersdom, die Engelsburg oder auch das Pantheon aus nächster Nähe erkunden zu dürfen – oder sind Sie Kunstliebhaber und möchten die Werke von Raffael, Michelangelo oder Caravaggio im Original bestaunen können? All das ist in Italiens großer, altehrwürdiger und majestätischer Hauptstadt, die am schönen Tiber liegt, möglich.

Aber auch, wenn Sie Rom von seiner quirligen, modernen und jugendlich-frischen Seite kennenlernen wollen, werden Sie garantiert voll auf

Ihre Kosten kommen und in Gedanken schon vor der – meistens viel zu frühen – Abreise bereits den nächsten Aufenthalt in dieser vielseitigen Metropole planen.

Stellen Sie sich vor, wie es wäre, bei strahlendem Sonnenschein durch die typischen kleinen Gassen einer italienischen Città zu bummeln und völlig zu vergessen, dass Sie sich in einer Großstadt befinden?

Möchten Sie aber gleichzeitig auch die belebten Einkaufsstraßen Roms nicht missen und vielleicht sogar ein kleines Vermögen auf der berühmten 'Chic & Shock-Straße', der Via Condotti, ausgeben? Ist die Stadt für Sie vielleicht sogar der Inbegriff einer angesagten Modemetropole, mit der Sie elegante, hochwertige Kleidung 'Made in Italy' verbinden? Dann sollten Sie Rom auf keinen Fall mehr verpassen!

Wenn Ihre Reiselust nun geweckt wurde, werden Sie in diesem Buch viele spannende Informationen zur Geschichte Roms nachlesen können, aber natürlich auch zahlreiche Tipps dazu finden, wie Sie Ihre Reise in die Ewige Stadt abwechslungsreich, erholsam und möglichst kostensparend gestalten.

Außerdem können Sie sich auf einige echte Geheimtipps und nützliche Ratschläge zu Themen wie Anreise, Unterbringung, Essen und Trinken sowie der richtigen italienischen ‚Netiquette' freuen. Und auch die ‚Shopaholics' unter Ihnen werden selbstverständlich nicht zu kurz kommen!

Ich wünsche Ihnen nun bei der Lektüre dieses Buches viel Vergnügen und hoffe, dass Rom Sie schon sehr bald zu einem unvergesslichen Aufenthalt willkommen heißen darf.

Also dann, andiamo! Lassen Sie uns anfangen!

Die Entstehung Roms

DAS ANTIKE ROM

Wie Sie sicher schon wissen, ist Rom eine sehr alte Stadt. Dabei handelte es sich keineswegs schon immer um eine große Metropole.

Das frühe oder auch antike Rom ist zwischen 1000 und 800 v. Chr. vielmehr aus ersten einzelnen kleinen Dörfern erwachsen, die auf Hügeln rund um das heutige Stadtgebiet lagen. Diese weltbekannten sieben Hügel Roms tragen die Namen Aventin, Caelius, Esquilin, Kapitol, Palatin, Quirinal und Viminal und bildeten östlich des Tibers ein eher unscheinbares und wohnlich eher unattraktives, sumpfiges Gebiet, welches allerdings einen entscheidenden Vorteil hatte: Es lag an wichtigen Handelsrouten. Dieser Aspekt ist es auch, der die Anhäufung kleiner Dörfer bis zur Mitte des 8. Jahrhunderts v. Chr. zu einer – wenn auch überschaubaren – befestigten Stadt und zum strategischen Mittelpunkt des späteren Römischen Reichs (lat. ‚Imperium Romanum') werden ließ.

In diese Zeit der etruskischen Herrscher fallen auch schon zwei für die Stadt bedeutende Baumaßnahmen: Zum einen wird ein ausgefeiltes Kanalisationssystem, die ‚Cloaca Maxima', welches das sumpfige Gebiet, auf dem das frühe Rom steht, nutzbar macht, gebaut. Zum anderen entsteht zeitgleich eine Art zentraler Platz in der Stadt, der einmal zum heute noch bekannten ‚Forum Romanum' werden sollte.

Das Forum Romanum, welches wir mit dem Begriff des römischen Marktplatzes übersetzen können, bildete damals den Mittelpunkt allen religiösen, kulturellen, politischen und wirtschaftlichen Lebens des antiken Roms und ist heute eine der bedeutendsten Ausgrabungsstätten dieser Zeit.

Parallel zu dieser historischen Entwicklungsgeschichte Roms gibt es aber auch noch einen Gründungsmythos, der besagt, dass Rom am 21. April 753 v. Chr. von Romulus gegründet wurde. Sicherlich kennen Sie daher noch den altbekannten Merksatz: ‚Sieben-fünf-drei: Rom kroch aus dem Ei'.

Der Legende nach waren die Zwillingsbrüder Romulus und Remus die Kinder des Kriegsgottes Mars und der Priesterin Rhea Silvia. Da ihre Mutter sie als Priesterin nicht großziehen konnte und dies ihr ohnehin nicht gestattet war, wurden die beiden Kinder in einem Weidenkorb auf dem Tiber ausgesetzt und an dessen Ufern schließlich von einer Wölfin gefunden und aufgenommen.

Bestimmt kennen Sie daher auch die Darstellung einer Wölfin, die zwei Kinder säugt. Später gerieten die beiden Brüder dann als erwachsene Männer im Streit um die Stadtmauern Roms aneinander und Romulus tötete Remus im Verlauf dieses Streits.

Erkunden Sie das antike Rom

Möchten Sie nun Spuren des frühen Roms in der heutigen Zeit finden, so können Sie natürlich zunächst einmal viele der alten Bauwerke (siehe Kapitel 4) aus nächster Nähe bewundern.

Sie können aber auch ganz gezielt nach versteckten Zeichen dieser antiken Zeit Ausschau halten.

Die Wölfin, die Romulus und Remus säugt, befindet sich einmal in den Kapitolinischen Museen als lebensgroße Bronzestatue ausgestellt. Sie ist ein sehr wichtiges und beliebtes Symbol für Rom, denn sie steht für die Ewigkeit (der Stadt/ des Imperiums) und für Unsterblichkeit. Außerdem wird sie sehr gern auf Münzen, Medaillen oder Mosaiken abgebildet. Es gibt sie aber auch noch ein zweites Mal in der Stadt, nämlich auf einer Säule stehend.

Aufgabe 1: Finden Sie in Rom die Säule mit der ‚Lupa Romana' und erraten Sie, auf welchem der sieben Hügel Roms Sie sich nun befinden!

Wenn Sie die Stadt zu Fuß erkunden, werden Sie zudem sehr häufig die Abkürzung 'S. P. Q. R.' auf vielen Alltagsgegenständen wie Kanaldeckeln oder Mülleimern, aber auch an etlichen öffentlichen Einrichtungen und Souvenir-Shops sowie weiteren Stellen in Rom wiederfinden.

Auch diese Abkürzung stammt aus dem antiken Rom, denn sie war das damalige Hoheitszeichen und die Legionen des Römischen Reiches trugen sie auf ihren Standarten. Ausgeschrieben bedeutet die Abkürzung: lat. '**S**enatus **P**opulus**q**ue **R**omanus', was sich mit 'Senat und Volk von Rom' übersetzen lässt.

Aufgabe 2: Achten Sie während eines Stadtbummels durch Rom auf die Abkürzung ‚S. P. Q. R.‘ und zählen Sie mit, wie viele Male Sie sie finden können!

ROMS AUFSTIEG UND UNTERGANG

Doch, wie ging es nun mit Rom weiter? Nach der Gründungszeit war Rom also zunächst ein Königreich, in dem etruskische Könige herrschten. Gewiss kennen Sie daher auch aus den Geschichtsbüchern den ersten großen Nachfolger Romulus unter dem Namen Numa Pompilius. Dieses Königreich hielt sich bis ca. 500 v. Chr. und endete mit der Vertreibung des letzten etruskischen Königs namens Tarquinius Superbus.

Anschließend wurde Rom dann zu einer Republik, die geprägt war von Ständekämpfen zwischen den freien, aber rechtelosen Plebejern und den adeligen Patriziern. Gleichzeitig vergrößerte Rom sich weiter, sodass auch die umliegenden Gebiete angeschlossen wurden.

Heute zählen übrigens noch drei weitere bekannte Hügel zum Stadtgebiet Roms, nämlich der Vaticano, der Gianicolo und der Pincio.

Trotzdem war die Stadt ab 390 v. Chr. nahezu ständig durch Angriffe anderer Völker gefährdet, weshalb schließlich die 'Servianische Mauer', eine hohe und starke Stadtmauer, gebaut wurde.

Weitere wichtige Bauwerke aus der Zeit um ca. 312 v. Chr. sind das 'Aquädukt', welches eine Art oberirdische Wasserleitung darstellte, und die 'Via Appia', die als ein wichtige Fern- und Handelsstraße verstanden werden konnte und heute das längste Museum der Welt ist, da viele historische Bauten und Grabmäler entlang dieser Straße zu finden sind.

Eine weitere Expansion erfuhr Rom dann vor allem von 264 bis 146 v. Chr., als es erfolgreich gegen die nordafrikanischen Karthager kämpfte. Diese Kriege sind unter dem Namen 'Punische Kriege' bekannt. Leider folgte jedoch auch danach eine von Bürgerkriegen und Unruhen gekennzeichnete Phase, nachdem die Volkstribunen und Brüder Tiberius und Gaius Sempronius Gracchus ermordet worden waren und der Diktator Gaius Iulius Caesar 44 v. Chr. ebenfalls umgebracht wurde.

Zuvor hatte Caesar aber noch versucht, verschiedene Reformen durchzusetzen. Dies war ihm besonders durch das berühmte 'Triumvirat' (= Bündnis aus drei Männern) mit Marcus Licinius Crassus und Gnaeus Pompeius Magnus gelungen.

Inzwischen hatte Rom eine Größe erreicht, die eine weitere Ausbreitung des Areals nötig machte und das Forum Romanum zu klein werden ließ, sodass Caesar angefangen hatte, das 'Forum Iulium', das älteste der vier Kaiserforen Roms, zu errichten. Dieses Forum wurde schließlich durch Caesars Nachfolger Augustus im 1. Jahrhundert v. Chr. fertiggestellt.

Zu dieser Zeit begann die Kaiserzeit Roms und die Stadt war bereits zu einer Millionenstadt geworden. Darüber hinaus war Rom nun auch das

Zentrum des Römischen Reiches in geografischer und politischer Hinsicht. Vor allem jener Kaiser Augustus war es, der den Ausbau Roms vorantrieb und dafür sorgte, dass die Stadt über viele fortschrittliche Annehmlichkeiten wie z. B. ein funktionierendes Abwassersystem verfügte.

Diese Errungenschaften wurden im Jahr 64 v. Chr. unter Kaiser Nero durch den Brand Roms kurzzeitig zurückgeworfen, jedoch begann bald darauf die Herrschaft der 'flavischen Dynastie' von 69 bis 96 n. Chr., die von umfangreichen Baumaßnahmen, die durch die Kaiser finanziert wurden, geprägt war.

Aus dieser Zeit werden Sie bei einem Besuch in Rom z. B. das Kolosseum und natürlich auch die Kaiserforen wiedererkennen können und auch die großen Thermenanlagen waren typisch für diese Zeit, die als Höhepunkt des Römischen Reiches betrachtet werden.

Es entstand damals ein regelrechter Wettstreit und viele Kaiser waren getrieben von der Idee, ihren jeweiligen Vorgänger übertreffen zu müssen und ihre Macht durch immer größere Bauwerke zu demonstrieren. Dadurch wuchs Rom stetig weiter, sodass im 3. Jahrhundert eine neue

Stadtmauer, die 'Aurelianische Mauer' gebaut werden musste, da die Stadt längst die Grenzen der Servianischen Mauer überschritten hatte. Die geschätzte Einwohnerzahl betrug damals 1,2 Millionen Menschen.

Doch so schnell Rom auch aufgestiegen war, so schnell verlor es auch schon bald diese exponierte Vormachtstellung wieder. Viele Kaiser bevorzugten Residenzen in anderen Städten und besonders Konstantinopel wurde im 4. Jahrhundert immer konkurrenzfähiger.

Im 5. Jahrhundert brachen dann erneut Bürgerkriege aus und Rom wurde mehrfach geplündert, einmal 410 durch gotische Söldner und vor allem 455 n. Chr. durch die Vandalen. Wussten Sie schon, dass unter anderem daher auch das Sprichwort 'Hausen wie die Vandalen' rührt?

Dadurch dezimierte sich die Einwohnerzahl Roms bereits wieder. Eine weitere rapide Abnahme dieser entstand aber ab 429 n. Chr. dadurch, dass Rom immer weniger Kontrolle über Nordafrika hatte und wichtige Getreidelieferungen von dort für die römischen Bürger ausblieben.

Hiermit endete das weströmische Kaisertum 476 n. Chr. endgültig, das antike Leben wurde zunächst jedoch unter der Herrschaft der Ostgoten noch weitergeführt, obwohl die Einwohnerzahl fortlaufen abnahm und man im Jahr 530 nur noch 100.000 Menschen in Rom zählte.

Erst die dann folgenden Gotenkriege und die Rückeroberungsversuche durch Kaiser Justinian führten zur Auflösung der Senatorenschicht und zur Zerstörung der Versorgung sowie des städtischen Lebens ab 537 n. Chr.

Durch die nun folgenden Belagerungskämpfe sank die Bevölkerungszahl weiter bis auf wenige Zehntausend und 550 n. Chr. wurden schließlich die letzten Wagenrennen im 'Circus Maximus' abgehalten.

Auch das Forum Romanum verlor nun endgültig seine Bedeutung für die Stadt Rom und die antiken Monumente wurden dem Verfall überlassen. Rom war damit auf den Status einer Provinzstadt gesunken und nur das Papsttum hielt noch einen Rest an Bedeutung für die Stadt aufrecht.

Erkunden Sie das aufstrebende Kaiserreich Rom
Wenn Sie sich nun fragen, wo Sie Spuren dieser ereignisreichen und aufregenden Blütezeit Roms finden können, so bieten sich Ihnen auch dafür

wieder zahlreiche Möglichkeiten in der Stadt, von denen Sie hier zwei etwas ungewöhnliche Vorschläge finden.

Vorschlag 1: Machen Sie eine Fahrradtour auf der ‚Via Appia antica‘ und entdecken Sie die Zeit der großen Kaiser auf einer entspannten Tour fernab von Massentourismus und überfüllten Straßen. Am besten bieten sich hierfür die Sonntage an, da die Via Appia dann für Autos gesperrt ist! Weitere Informationen dazu finden Sie z. B. unter: www.romaculta.com

Vorschlag 2: Gehen Sie auf den ‚Largo di Torre Argentina‘. In der Mitte dieses Platzes befindet sich die ‚Area Sacra‘, eine Ausgrabungsstätte des heiligen Bezirks. Dort können Sie die Reste mehrerer alter Tempelanlagen sehen. Das Ganze liegt etwas unterhalb des heutigen Straßenniveaus und beherbergt das Katzenforum für Streunerkatzen, sodass Sie auch hier als Tierfreund und als historisch interessierter Besucher viel geboten bekommen. Zudem werden Sie lernen, welche große Bedeutung Katzen immer schon für Römer hatten.

Weitere Informationen gibt es unter: www.ro-mancats.com

DAS CHRISTLICHE ROM

Nun wissen Sie schon sehr viel über den Aufstieg und den Untergang des antiken Roms sowie die Zeiten Königreich, Republik und Kaiserreich. Wie aber ist die Stadt wiederauferstanden und zu dem geworden, wie wir sie heute kennen?

Nachdem Rom als glorreiches Kaiserreich untergegangen war, erlangte es erst ab 800 n. Chr. wieder neue Bedeutung, indem es zunächst zur Hauptstadt des Kirchenstaates (lat. 'Patrimonium Petri') und für Christen damit wichtigster Wallfahrtsort neben Santiago de Compostela und Jerusalem wurde.

Außerdem wurde Karl der Große (lat. ‚Carolus Magnus') von Papst Leo III. zum Kaiser des Heiligen Römischen Reiches gekrönt. In der Zeit zwischen dem 8. und 11. Jahrhundert erfuhr Rom nun viele Plünderungen, Belagerungen und Angriffe. Um 800 befanden sich daher nur noch knapp 20.000 Einwohner in der Stadt. Ganze Viertel verwaisten und das Stadtbild wurde ab jetzt durch dicht besiedelte („abitato') und unbewohnte („disabitato') Stadtteile geprägt. Kleine Siedlungen bildeten sich dabei meistens in der Nähe der großen Kirchen Roms.

Damit befinden wir uns nun im christlichen Rom. Und auch das christliche Rom hat seinen Ursprung in einer Legende. Der Überlieferung nach soll der Apostel Petrus im damaligen Rom, dem Zentrum der Welt, gepredigt haben. Als er dann die Stadt aus Angst vor der Christenverfolgung verlassen wollte, traf er auf der Via Appia auf Jesus und Petrus fragte diesen: „Herr, wohin gehst du?' (lat. „Domine, quo vadis?'). Und Jesus antwortete ihm: „Ich gehe, mich ein zweites Mal kreuzigen zu lassen.' (lat. „Venio iterum crucifigi'). So entstand an der Stelle ihres Zusammentreffens an der Via Appia die Kirche Domine quo vadis.

Auch Petrus kehrte nach Rom zurück, wo er der erste Bischof der christlichen Gemeinde wurde, bis er 63 n. Chr. den Märtyrertod starb. Schon bald darauf entwickelte sich ein regelrechter Kult um sein Grab und als Konstantin der Große 313 endlich im Edikt von Mailand das Christentum anerkannte, gab er direkt über dieser Grabstätte den Bau der ersten Peterskirche in

Auftrag, deren Hochaltar übrigens noch heute genau über dem Grab von Petrus liegt.

Bei einem Besuch in Rom sollten Sie daher auf keinen Fall den Petersdom verpassen, denn hier können Sie eine der größten und schönsten Kirchen der Welt bestaunen. Gleichzeitig finden Sie im Petersdom aber auch viele Kunstwerke berühmter Künstler wie Michelangelo, Raffael oder Bernini.

Eine weitere sehr wichtige Kirche Roms ist die Lateranbasilika (‚San Giovanni in Laterano'), denn sie gilt als Mutter und Haupt (lat. ‚mater et caput') aller Kirchen in Rom sowie auf der ganzen Erde.

Insgesamt gibt es in Rom sieben dieser päpstlichen Basiliken. Dazu zählen San Giovanni in Laterano (= Lateranbasilika), San Pietro in Vaticano (= Petersdom), San Paolo fuori le mura (= Sankt Paul vor den Mauern),

Santa Maria Maggiore (= die größte Marienkirche der Stadt), San Lorenzo fuori le mura (= Sankt Laurentius vor den Mauern), Santa Croce Gerusalemme (= Pilgerkirche) und San Sebastiano fuori le mura (= Pilgerkirche).

Tatsächlich gibt es aber unzählig viele Kirchen in Rom, sodass es unmöglich ist, sie alle aufzuzählen. Eine der ältesten Kirchen Roms sollte aber nicht unerwähnt bleiben, es ist die Basilika Santa Maria di Trastevere, die noch aus der frühchristlichen Zeit des 12. Jahrhunderts stammt. Sollten Sie während Ihres Aufenthaltes in Rom noch freie Zeit zur Gestaltung haben, nutzen Sie diese unbedingt für einen Abstecher zu dieser Kirche!

Petrus gilt damit als erster Bischof Roms. Die erste Bezeichnung als Papst (lat. 'papa'), die ursprünglich 'Vater' bedeutete, geht allerdings auf den Bischof Siricius von Rom (385–399 n. Chr.) zurück. Papst Gregor I. (im Amt von 590–604) war es dann, der diese Amtsbezeichnung für den Bischof von Rom schließlich ins Gesetz schrieb.

Das Stadtbild Roms, geprägt von den vielen Kirchen, die damals entstanden, ist bis heute erhalten geblieben und jedes Jahr reisen viele Pilger nach Rom, um diese Atmosphäre zu erleben. Besonders zu Ostern und zu Weihnachten, wenn der Papst den Segen 'Urbi et Orbi' erteilt, kommen unzählige Besucher nach Rom.

Erkunden Sie das christliche Rom

Auch das christliche Rom lässt sich auf vielfältige Weise erkunden. Hier finden Sie nun zwei kleine Ideen, die Sie gern dazu ausprobieren können.

Aufgabe 1: Finden Sie im Petersdom die Stelle, an der Kaiser Karl gekrönt wurde!

Aufgabe 2: Besuchen Sie einen Gottesdienst in Rom! Deutsche Gottesdienste finden beispielsweise in der Kirche St. Maria della Pietà auf dem Campo Santo Teutonico statt. Die Gottesdienste sind morgens meistens um 7.00 und um 9.00 Uhr, Gruppen sollten sich vorher anmelden: www.camposanto.va

---

ROM HEUTE

Das heutige Rom ist sehr vielfältig. Sie werden erstaunt sein, wie mühelos sich antike Bauwerke, christliche Gotteshäuser und moderne Gebäude zu einem harmonischen Gesamtstadtbild zusammenfügen. Doch das Wichtigste ist, dass Rom vor allem eines repräsentiert: Die Stadt ist lebendige und gelebte Geschichte!

Lassen Sie uns daher den geschichtlichen Teil dieses Buches damit abschließen, wie Rom schließlich zu der Stadt wurde, welche Sie bei einem Besuch Ihrerseits vorfinden werden.

Nachdem Rom nun zu einem Kirchenstaat geworden war, fragen Sie sich sicherlich, wie es dann einmal zur Hauptstadt Italiens werden konnte. Die Antwort darauf wird Sie verblüffen, denn man könnte fast sagen, dass sich Teile der bereits geschehenen Geschichte wiederholten!

1849 war Rom von französischen Truppen besetzt, welche jedoch im Jahr 1870, als Frankreich Preußen den Krieg erklärte, abgezogen wurden. Daraufhin ergriff das italienische Militär die Gelegenheit, nahezu ohne großen Widerstand in Rom einmarschieren zu können und den Papst zu entmachten.

Somit wurde Rom am 26. Januar 1871 zur Hauptstadt des als Königreich entstandenen italienischen Nationalstaates ernannt. Diese Zeit zwischen 1815 und 1870 wird auf Italienisch auch als 'Risorgimento' (= 'Wiedererstehung') bezeichnet. Sichtbar wird diese Epoche in der Stadt vor allem durch das 1911 eingeweihte und für den gleichnamigen König gebaute Nationaldenkmal 'Monumento Nazionale a Vittorio Emmanuele II'.

Bemerkenswert ist zudem, dass zu dieser Zeit auch erstmals wieder ein starkes Bevölkerungswachstum in Rom einsetzte, denn viele Bewohner ländlicher Regionen zog es nun wieder in die Stadt, sodass erstmals seit der Antike Roms Stadtgrenzen wieder über die Aurelianische Mauer hinausreichten.

Viele Katholiken standen diesem neuen Geschehen jedoch lange feindlich gesinnt gegenüber und erst nach dem Ersten Weltkrieg gelang es Benito Mussolini, der Italien seit 1922 unter faschistische Herrschaft gebracht hatte, Staat und Kirche 1929 durch die Lateranverträge zu versöhnen. Als Folge daraus entstand der unabhängige Staat der Vatikanstadt (kurz Vatikan).

Zeitgleich werden nun viele Bauwerke der Antike wieder restauriert, denn die Antike erfährt für Propagandazwecke eine neue Verherrlichung.

In der darauffolgenden Zeit des Zweiten Weltkriegs wurde dann auch Rom zunächst bombardiert, Papst Pius XII. verblieb jedoch in der Stadt und bemühte sich darum, Rom zu einer 'offenen Stadt' erklären zu lassen. Dies bedeutete, dass sich

Rom nicht verteidigen würde und die Stadt daher nicht (weiter) bombardiert oder angegriffen werden durfte. 1944 wurde diesem Vorschlag durch deutsche Truppen stattgegeben und alliierte Truppen marschierten in Rom ein. 1946 schließlich verließ dann König Umberto II. als letzter König Italiens Rom und Italien wurde erneut zu einer Republik.

Wie deutsche Städte auch erfährt Rom anschließend in den Nachkriegsjahren einen starken Wirtschaftsaufschwung und enormen Zuwachs bei der Einwohnerzahl. Ab den 1960er-Jahren entstanden ganze Großwohnsiedlungen und schon etwas früher, nämlich im Jahr 1955, wurde die 'Metropolitana di Roma', Roms erste U-Bahn-Linie, eröffnet.

Die 1970er-Jahre Roms sind dagegen leider häufig von sozialen Kämpfen, Hausbesetzungen, Streiks und politischer Gewalt geprägt. Der Höhepunkt hierbei war die Entführung und Ermordung des italienischen Ministerpräsidenten Aldo Moro durch die Untergrundorganisation die 'Roten Brigaden'. Erst in den 1980er-Jahren entspannte sich diese Situation in Rom wieder, da ein Teil der Einwohner wieder aus der Stadt abwanderte.

Um nun neuere Bauwerke in Rom zu finden, müssen Sie sich in die Außenbezirke der Stadt begeben, denn viele Bereiche im Zentrum stehen zu Recht unter Denkmalschutz. Dies erschwert auch die neue Bebauung in der Stadtmitte – so sie denn gewollt ist – sehr oft, denn häufig finden sich bei Grabungen immer wieder weitere archäologische Funde. Die Außenbezirke und Vorstädte sind aber leider auch heute noch mit einer hohen Kriminalitätsrate behaftet und darüber hinaus schlecht an den öffentlichen Nahverkehr und somit an das Stadtzentrum angebunden.

Im Stadtzentrum dagegen ist festzustellen, dass viele der Wohnungen sich als Eigentumswohnungen in Privatbesitz befinden und sehr gepflegt sind. In der Stadtmitte Roms gibt es daher kaum Mietwohnungen.

Die Höhepunkte des Roms der Neuzeit sind übrigens alle in die Zeit des Pontifikats Papst Johannes Paul II. einzuordnen. Am Weltjugendtag im Jahr 2000 konnte Rom ca. 2 Millionen Besucher begrüßen und dem Begräbnis Papst Johannes Pauls II. wohnten im Jahr 2005 sogar 3–4 Millionen Gäste und 200 Staats- und Regierungschefs bei.

Erkunden Sie das heutige Rom

Gehen Sie nun auf eine kleine Entdeckungstour durch das heutige Rom. Da der Vatikan ein eigener unabhängiger Staat ist, hat er auch sein eigenes Postamt und eigene Briefkästen.

Das wohl umstrittenste Bauwerk Roms ist dagegen das 'Monumento Nazionale a Vittorio Emmanuele II.' Im römischen Volksmund wird es auch gern als die 'Schreibmaschine Roms' betitelt, denn die äußere Form dieses Gebäudes erinnert bisweilen an eine stark überdimensionierte Schreibmaschine.

Aufgabe 1: Schreiben und verschicken Sie eine Postkarte aus dem Vatikan! Schreiben und verschicken Sie parallel dazu eine Postkarte im römischen Postsystem und lassen Sie sich anschließend überraschen, welche Karte schneller eintrifft!

Aufgabe 2: Besichtigen Sie das Nationaldenkmal ‚Monumento Nazionale a Vittorio Emmanuele II.‘, welches sich auf der Piazza Venezia befindet.

Anreise und Unterbringung

Nachdem wir nun den geschichtlichen Teil dieses Buchen abgeschlossen und Sie schon einiges über Rom gelesen und die Stadt sicherlich schon liebgewonnen haben, fragen Sie sich bestimmt, wie Sie nun nach Rom gelangen können.

Ein Sprichwort sagt wörtlich genommen 'Viele Wege führen nach Rom' und was in unserem Alltag erst einmal nur meint, dass es viele verschiedene Möglichkeiten gibt, sein Ziel zu erreichen, so trifft dies auch ganz praktisch auf Ihre Reisevorbereitung zu, denn möchten Sie die Ewige Stadt besuchen, so bieten sich Ihnen verschiedene Anreisewege dar.

ANREISE MIT DER BAHN

Wollen Sie mit dem Zug nach Rom fahren, so hängt zunächst einmal viel von Ihrem Startort ab. Zudem kommt es darauf an, wie firm Sie im Umgang mit dem Kauf und der Buchung von Fahrkarten sind.

Stellt dies für Sie kein Problem dar, so können Sie sich Ihr Zugticket ganz einfach online bei der Bahn bestellen, indem Sie Ihren Abfahrtsort und Ihr gewünschtes Ziel sowie das Abfahrtsdatum und die Zeit eingeben. Auf die gleiche Weise sollte es Ihnen dann auch möglich sein, eigenständig eine Rückfahrt zu buchen.

Sind Sie dagegen nicht so sicher im Umgang mit Onlinebuchungssystemen, lassen Sie sich am besten vor Ort in Ihrem Reisezentrum der DB beraten und kaufen Sie Ihre Fahrkarten dann auch gleich dort.

Planen Sie in jedem Fall genug Zeit für Ihre Anreise ein, denn meistens gibt es keine Direktverbindungen, sodass Sie ggf. (mehrfach) umsteigen müssen. Dabei lohnt es sich immer, auf Sparangebote der Bahn zu achten und zu schauen, ob man (z. B. ab München) einen Nachtzug nehmen kann – vielfach spart dies Zeit, Geld und Nerven!

Der Hauptbahnhof von Rom heißt 'Roma Termini' und liegt zentral in der Stadt. Wenn man möchte, kann man dort direkt ein Auto mieten. Außerdem befinden sich im Hauptbahnhof zahlreiche nützliche Einrichtungen wie eine Tourist-Information, Ticketservices, eine Postfiliale und sogar eine medizinische Versorgungsstelle.

www.romatermini.com

Pro:

- entspannte Anreise

- auch für Personen mit Flugangst geeignet

Contra:

- Bei kurzem Aufenthalt in Rom zu zeitintensiv

ANREISE MIT DEM AUTO

Beabsichtigen Sie, mit dem Auto nach Rom zu fahren, so sind Sie zu jeder Zeit sehr flexibel in der gesamten Gestaltung Ihrer Reise.

Sie können losfahren, wann Sie wollen, und so viel an Gepäck mitnehmen, wie ins Auto passt. Auch mit Kindern wird die Anfahrt gut zu schaffen sein, denn Sie können so viele Pausen machen, wie Sie wünschen oder brauchen.

Einzig der Faktor Zeit sollte bei einer Anreise mit dem Auto nach Italien unbedingt bedacht werden, sodass es manchmal sinnvoll sein kann, eine Zwischenübernachtung auf halber Strecke einzuplanen.

Des Weiteren ist es wichtig, zu wissen, dass die meisten italienischen Autobahnen mautpflichtig sind. Die dafür notwendigen Tickets erhalten Sie bei der Einfahrt in eine Mautstelle. Vorab kann man sich über die Tickets und Tarife sowie die Bezahlsysteme aber auch beim ADAC informieren.

Insgesamt ist eine Anreise mit dem Auto nach Rom also relativ entspannt, es könnte allerdings etwas stressiger werden, sobald Sie den eigentlichen Stadtbereich Roms erreichen. Hier müssen

Sie oft mit viel Verkehr rechnen, wobei die Römer selbst recht geduldige Autofahrer sind.

Am besten vermeidet man – genau wie daheim – auch hier die morgendlichen und nachmittäglichen Stoßzeiten des Berufsverkehrs. Um Rom herum gibt es eine dreispurige Ringautobahn, die 'Grande Raccordo Anulare' (abgekürzt GRA oder A 90), diese Autobahn ist genau wie die Autobahn zum Flughafen mautfrei und führt komplett um Rom herum.

Außerdem sollte man noch bedenken, dass es in Rom selbst auch viele kleine Straßen und Gassen gibt, in denen der Verkehr noch dichter wird. Wen allerdings auch die eventuelle Parkplatzknappheit nicht abschreckt, der kann sich auf einen sehr individuellen Trip durch die Ewige Stadt freuen!

Pro:
- individuelle und flexible Reise
- Mobilität zu jeder Zeit
Contra:
- Mautkosten
- z. T. viel Verkehr im Stadtgebiet

ANREISE MIT DEM FLUGZEUG

Die einfachste und schnellste Art, nach Rom zu Reisen ist, mit dem Flugzeug zu fliegen.

Insgesamt verfügt Rom über drei Flughäfen. Der größte und modernste Flughafen ist der Flughafen Rom-Fiumicino, benannt nach der kleinen Stadt Fiumicino, die ganz in der Nähe liegt. Der offizielle Name dieses Flughafens ist jedoch 'Aeroporto di Roma-Fiumicino Leonardo da Vinci'. Er befindet sich ca. 33 km vom Stadtzentrum entfernt und ist nicht nur der größte Flughafen Roms, sondern auch ganz Italiens. Hier geht es deshalb manchmal dementsprechend hektisch und überfüllt zu, sodass der erste Eindruck eines entspannten Urlaubs getrübt werden könnte. Ein Pluspunkt ist jedoch, dass es hier einen direkten Anschluss an die Bahn ins Stadtzentrum gibt. Vom Flughafen Fiumicino aus bringt Sie die Linie FL 1 ins Zentrum bzw. bis zum Hauptbahnhof.

Der zweitgrößte Flughafen Roms ist der Flughafen 'Rom-Ciampino', der offiziell 'Aeroporto di Roma-Ciampino Giovan Battista Pastine ' heißt. Er liegt ca. 15 km außerhalb des Zentrums. Wenn Sie mit einem sogenannten 'Billigflieger' noch

Rom kommen, dann ist es sehr wahrscheinlich, dass Sie eher hier landen werden. Auch dieser Flughafen verfügt über einen Bahnanschluss ins Zentrum. Nehmen Sie dazu am besten wieder die Linie FL 4 bis Roma Termini.

Zu guter Letzt gibt es noch einen dritten, sehr kleinen Flughafen in Rom mit dem Namen 'Rom-Urbe'. Obwohl er mit nur 8 km Entfernung zum Stadtzentrum liegt, ist er für Touristen kaum relevant, denn hier starten und landen hauptsächlich kleine Flugzeuge und Hubschrauber für Rundflüge über Rom.

Von den Flughäfen Fiumicino und Ciampino gelangen Sie ebenfalls noch mit Shuttlebussen und Taxen in die Stadtmitte.

www.adr.it/fiumicino
www.adr.it/ciampino

Pro:
- große Zeitersparni
Contra:
- Nicht geeignet für Reisende mit Flugangst
- Teilweise etwas hektisch an großen Flughäfen

ANREISE MIT DEM SCHIFF

Wenn Sie Ihren Besuch in Rom noch etwas abenteuerlicher gestalten wollen, können Sie die Stadt auch – oftmals im Rahmen einer Kreuzfahrt – mit dem Schiff erreichen.

Die Kreuzfahrtschiffe legen meistens im Hafen von Civitavecchia an. Von hier aus ist Rom noch ca. 80 km entfernt!

In Civitavecchia bieten sich Ihnen dann verschiedene Möglichkeiten, um nach Rom zu gelangen: So gibt es z. B. die Option, bei einem der vielen Anbieter direkt an der Anlegestelle einen Ausflug nach Rom zu buchen, sofern dies noch nicht in dem Reiseverlauf der Kreuzfahrt inkludiert ist.

Wesentlich günstiger ist es aber auch hier, die Stadt auf eigene Faust zu entdecken und mit dem Zug nach Rom zu fahren. Regionalzüge fahren vom Bahnhof Civitavecchia etwa alle halbe Stunde nach Rom und brauchen bis zum Hauptbahnhof Roma Termini etwa 45 Minuten.

Noch interessanter könnte es aber bei dieser Variante sein, nur bis Roma San Pietro zu fahren (ca. 30 Minuten) und von dort aus in den Vatikan zu gehen und diesen zu besichtigen.

Weitere spannende Infos für Tagesausflüge nach Rom erhalten Sie beispielsweise unter: www.meine-landausfluege.de

Pro:

- Ein pauschal organisierter Tagesausflug eignet sich besonders für einen ersten Besuch, um Rom kennenzulernen.

Contra:

- Bei Kreuzfahrten hat man meistens wenig eigenen/ individuellen Spielraum im Reiseverlauf.

DIE 3 BESTEN HOTELS IN ROM

In diesem Abschnitt finden Sie nun drei Vorschläge dazu, wie Sie während Ihres Aufenthalts in Rom wohnen können.

Dazu sei gesagt, dass Rom sehr gastfreundlich ist und über mindestens genauso viele Hotels wie Kirchen verfügt.

Zudem ist eine Auswahl an Wohnmöglichkeiten immer sehr subjektiv, denn jeder Reisende hat eigene Vorstellungen und Bedürfnisse bezüglich seiner Unterbringung, sodass es kaum möglich ist, es jedem recht zu machen.

Bei meiner Auswahl innerhalb Roms habe ich mich daher an den Kriterien Erreichbarkeit, Unkompliziertheit und Zentrumsnähe orientiert.

Sollten Ihnen diese Hotelvorschläge jedoch nicht zusagen, werden Sie in der Stadt problemlos auch sehr viele weitere Alternativen dazu finden können.

Allora, lassen Sie uns nun mit dem ersten Vorschlag beginnen.

Casa per Ferie Santa Maria alle Fornaci:

Dieses besondere Gästehaus liegt sehr zentral in Rom unweit des Petersdoms und war ursprünglich mal ein Kloster mit angegliederter Kirche.

In den letzten Jahre wurde es umfassend renoviert und bietet nun kleine, aber feine Einzel- und Doppelzimmer mit jeweils eigenem Badezimmer. W-LAN und ein umfangreiches Frühstücksbuffet runden den Basis-Service dieses Hotels sehr gut ab. Dazu ist die Rezeption 24 Std. besetzt und man fühlt sich dort jederzeit sicher und gut aufgehoben. Durch die Nähe zum Zentrum ist es ideal gelegen, um Rom auch zu Fuß zu erobern.

Weitere Services sind z. B. ein Flughafen-Shuttle, Gepäckaufbewahrung und Barrierefreiheit.

www.santamariafornaci.com

The Beehive Hostel Rome:
Dieses Gästehaus wurde 1999 gegründet und liegt ebenfalls sehr zentral, ganz in der Nähe des Hauptbahnhofs von Rom.

Es verfügt über verschiedene Unterbringungsmöglichkeiten von Mehrbettzimmern mit geteilter Waschgelegenheit bis zu Einzel- und Doppelzimmern mit eigenem Bad.

Die gesamte Atmosphäre ist hier sehr familiär und von Kontaktfreudigkeit geprägt. Zudem ist die vegetarische Verpflegung für Gäste möglich.

Außerdem finden regelmäßig gemeinsame Kochabende und Stadtführungen statt, sodass man hier nie lange allein sein wird, aber trotzdem auch genug Ruhe und Erholung finden kann.

www.the-beehive.com

<u>Hostel Trustever:</u>

Dieses Hostel liegt im trendigen Stadtviertel Trastevere und verfügt über verschiedene Unterbringungsmöglichkeiten bestehend aus Doppel-, Dreibett- und Mehrbettzimmern. Alle Zimmer verfügen über ein eigenes Bad sowie W-LAN.

Das Hostel spricht vor allem jüngere (Rucksack-)Touristen an. Es bietet einen eigenen Waschsalon und abschließbare Gepäckfächer, des Weiteren ist es 24 Std. am Tage geöffnet.

Die Verpflegung kann individuell dazu gebucht werden.

www.hosteltrustever.com

Bedeutende Sehenswürdigkeiten Roms

In diesem Kapitel möchte ich mit Ihnen jetzt noch einmal einige der wichtigsten Sehenswürdigkeiten Roms etwas genauer unter die Lupe nehmen. In einer so großen Stadt wie Rom schafft man es nie, mit nur einem Besuch alles zu sehen, aber somit gibt es auch beim nächsten Aufenthalt immer wieder Neues zu entdecken.

Die hier getroffene Vorauswahl soll Ihnen besonders bei Ihrem ersten Besuch in der Ewigen Stadt als einführende Orientierung dienen.

IM ANTIKEN ROM

Forum Romanum

Das Forum Romanum wurde zwischen dem 5. und dem 7. Jahrhundert n. Chr. erbaut und fortlaufend erweitert. Während der Kaiserzeit erlebte es seine Blütezeit und galt als das kulturelles, wirtschaftliches, religiöses und politisches Machtzentrum des antiken Roms.

Heute zählt das Forum Romanum zu den bedeutendsten Ausgrabungsstätten der Stadt und ermöglicht es Ihnen, Reste des Triumphbogens des Kaisers Septimius Severus, des Tempels des Saturns, der Kurie, der Basilika des Kaisers Konstantin und des Tempels der Vesta zu bestaunen.

Vom Kapitolshügel aus können Sie sich einen besonders guten und umfassenden Überblick über das Forum Romanum verschaffen.

Palatin

Der Palatin gehört zu den bekannten sieben Hügeln Roms. Er stellt den ältesten bewohnten Stadtteil dar und ist mit einer langen Geschichte verbunden. Der Palatin gilt sogar als der Ort, an dem Romulus Rom ursprünglich gegründet hat. Später lebte hier die römische Oberschicht und viele Kaiser residierten hier.

Heute können Sie auf dem Palatin noch Reste antiker Tempel, die der Magna Marta, der Victoria und dem Apollon geweiht wahren, finden. Des Weiteren ist noch der Palastkomplex Domitians zu sehen.

Um eine noch bessere Vorstellung vom damaligen Leben zu bekommen, bietet sich zudem ein Besuch im Palatin-Museum an.

Kolosseum

Bei dem Kolosseum handelt es sich um das größte Amphitheater des antiken Roms, es bot bis zu 50.000 Menschen Platz und war Schauplatz zahlloser grausamer Gladiatorenkämpfe. Erbaut wurde es von ca. 72 bis 79 n. Chr. im Auftrag des Kaisers Vespasian. Die Eröffnungsfeier soll damals 100 Tage angedauert haben.

Die freien Bürger Roms hatten freien Eintritt ins Kolosseum und die Spiele waren Teil der politischen Kampagne 'Brot und Spiele' (lat. 'panem et circenses'), welche dazu dienten, die Römer ruhig und zufriedenzustellen.

Als das Christentum 313 n. Chr. zur offiziellen Religion des Römischen Reiches wurde, verbot Kaiser Konstantin die Kämpfe, doch es fanden immer wieder welche statt, bis schließlich 523 n. Chr. die letzten Gladiatorenkämpfe abgehalten wurden. Danach diente das Kolosseum zeitweise als Festung und sogar als Steinbruch!

Heute ist es das Wahrzeichen Roms und wird als Meisterwerk antiker Baukunst anerkannt.

Via Appia

Die Via Appia war die bekannteste und wichtigste Fern- und Handelsstraße des antiken Roms und führte über 540 Kilometer bis nach Brindisi. Begonnen wurde mit ihrem Bau 312 n. Chr. unter Appius Claudius Caesus.

Die Straße war gesäumt von Villen, Grabmälern und Katakomben, von denen heute noch Ruinen erhalten sind.

Der historische Teil dieser Straße wird daher als 'Via Appia Antica' bezeichnet. Der restliche Abschnitt liegt zum Teil unter modernem Straßenbelag verborgen und ist unter dem Namen 'Via Appia Nuova' oder auch 'Staatsstraße 7 (SS7)' bekannt.

Besuchen Sie die Via Appia für Besichtigungen am besten sonntags, dann ist sie für Autos gesperrt und eignet sich hervorragend für entspannte Entdeckungstouren.

Ostia Antica

Als Ostia Antica wird die ursprüngliche Hafenstadt des antiken Roms bezeichnet, es liegt ca. 23 Kilometer vom heutigen Stadtzentrum entfernt an der Mündung des Tibers.

Ostia Antica wurde im 4. Jahrhundert v. Chr. als römische Kolonie gegründet und war zunächst hauptsächlich ein Militärlager zum Schutze Roms, welches sich dann schnell zu einer Hafenstadt weiterentwickelte. Das wichtigste damalige Handelsgut war Getreide, das aus Afrika nach Rom gebracht wurde, um die römischen Bürger zu ernähren.

Zeitgleich mit dem Untergang der antiken Stadt Rom verlor auch Ostia Antica ihre Bedeutung, denn mit der stetig abnehmenden Einwohnerzahl Roms wurde die Hafenstadt nicht mehr gebraucht.

Heute dagegen zählt auch Ostia Antica zu den bedeutendsten Ausgrabungsstätten des antiken Roms. Es gibt dort ein Museum und Sie haben auch hier die Möglichkeit, Reste von Theatern, Thermen, des Forums, der Latrinen und Geschäfte sowie vieler Gräber zu bestaunen.

Kaiserforen

Die Kaiserforen sind eine Erweiterung des Forum Romanum, denn zur Blütezeit des antiken Roms war dieses schnell zu klein geworden und genügte den Ansprüchen vieler Kaiser nicht mehr.

Insgesamt wurde das Forum Romanum daher um vier zusätzliche Kaiserforen erweitert. Diese sind das Forum Iulium, welches auch Caesar-Forum genannt wird, das Forum des Augustus, das Transitorium, welches auch den Namen Nerva-Forum trägt, und das Trajansforum.

Das Forum Iulium war die erste der vier Erweiterungen und wurde ab 54 v. Chr. von Gaius Iulius Caesar in Auftrag gegeben. Es ähnelte mit seiner rechteckigen Form den öffentlichen Plätzen in Griechenland und verfügte an einer Schmalseite über den Tempel der Venus Genetrix.

Das Augustusforum entstand etwa 50 Jahre später und ähnelte in seinem Aufbau dem Caesarforum. Das Zentrum bildete hier allerdings der Tempel des Mars Ultor, welcher auch für die Bedeutung dieses Forums stand: Hier wurde alles entschieden, was mit Krieg und Sieg zu tun hatte!

71–75 n. Chr. ließ Kaiser Vespasian dann einen Friedenstempel auf dem Gelände errichten, den 'Templum Pacis', um das Ende der Bürgerkriege und den Frieden zu feiern. Dieser glich den übrigen Foren sehr, sodass er bisweilen auch selbst als zusätzliches 'Forum Pacis' bezeichnet wurde.

Schließlich ließ Kaiser Domitian auf der freien Fläche zwischen dem Tempel und dem Augustusforum ein weiteres Forum, das Nerva-Forum, anlegen. Da es zu seinen Lebzeiten nicht fertiggestellt wurde, wurde es jedoch im Jahr 97 n. Chr. nach seinem Nachfolger Kaiser Nerva benannt und weil es die bisherigen Bauten zu einer Einheit verband, wurde es daher schon bald als 'Transitorium' bezeichnet.

Das Trajansforum wurde anschließend als letztes Kaiserforum von 107 bis 112 n. Chr. errichtet. Es gilt als das prächtigste und größte Forum und wurde mittig zudem noch von der Trajanssäule geziert. An der Rückseite des Platzes befand sich außerdem noch die Basilica Ulpia.

Viele der Foren sind heute nur noch in Teilen sichtbar, da Mussolini dieses Areal mit der Via dei Fiori Imperiali überbauen ließ, ohne es vorher archäologisch untersuchen zu lassen.

Circus Maximus

Der Circus Maximus war die größte Arena zur Blütezeit des antiken Roms und bis ins 6. Jahrhundert n. Chr. hinein die Austragungsstätte der Wagenrennen (lat. 'ludi circenses').

Zeitweilig fanden auf den Rängen zwischen 150.000 und 250.000 Menschen Platz und die Gesamtlänge betrug 600 Meter.

Zunächst handelte es sich noch um eine hölzerne Konstruktion und erst Gaius Iulius Caesar ließ im

Jahr 46 v. Chr. für seine Triumphalspiele Sitzbänke aus Marmor einbauen.

In der Regel mussten während eines Rennens
7 Runden gefahren werden und in der Hochzeit
des Kaisertums wurden 12 bis 24 Rennen pro Tag
abgehalten. Es handelte sich dabei um öffentliche
Veranstaltungen, die meistens im Rahmen von
Feierlichkeiten abgehalten wurden und vom Staat
finanziert waren.

Im Circus Maximus fanden zudem genau wie
im Kolosseum auch Gladiatorenkämpfe und Tier-
hetzen statt und auch sportliche Wettkämpfe nach
griechischem Vorbild waren fester Bestandteil des
Programms.

Nachdem das antike Rom untergegangen war,
zerfiel auch der Circus Maximus zunächst und die
Fläche wurde für verschiedene Zwecke genutzt.
Teile der Sitzbänke wurde sogar für den Aufbau
des Petersdoms verwendet.

Ab 1936 fanden dann Ausgrabungen auf dem
Areal statt und heute wird dieses vor allem für
Großveranstaltungen wie Konzerte genutzt. Seit
2016 gibt es dort eine kleine Ausstellung mit Informationen zum Circus Maximus.

Caracalla Thermen

Die Caracalla-Thermen stammen ebenfalls aus der Antike und zählen zu den größten Thermenanlagen Roms. Den Auftrag zum Bau gab im Jahr 206 Kaiser Septimius Severus und im Jahr 216 zur Zeit des Kaisers Caracalla wurden die Thermen fertiggestellt.

Es handelte sich dabei um öffentliche und eintrittsfreie Badeanlagen, die die Beliebtheit des Kaisers beim einfachen Volk steigern sollten.

Die Thermen sollen noch bis ins 5. Jahrhundert, als bereits Theoderich der Große in Rom herrschte, in Betrieb gewesen sein. Danach wurden sie bei Belagerungen Roms zum Teil zerstört oder waren den Naturgewalten ausgesetzt. Später dienten auch sie als Steinbruch oder zur Ausstattung anderer Bauwerke.

Heute können die Thermenanlagen von Besuchern besichtigt werden, dabei kommen VR-Brillen zum Einsatz, sodass Sie genau nachvollziehen können, wie damals alles ausgesehen hat. Ansonsten werden die Thermen vor allem für Opernaufführungen genutzt.

IM CHRISTLICHEN ROM

Petersdom

Der Petersdom (it. 'San Pietro in Vaticano') ist eine der größten und für das Christentum sicherlich eine der bedeutendsten Kirchen der Welt. In Rom zählt er zu den sieben Pilgerkirchen und ist die größte päpstliche Basilika. Insgesamt können 20.000 Menschen im Petersdom Platz finden.

Ursprünglich wurde die Kirche ca. 324 n. Chr. von Konstantin dem Großen in Auftrag gegeben, damit über der vermuteten Grabstelle des Apostels Petrus ein Gotteshaus errichtet werden konnte. Der Petersdom in seiner heutigen Form wurde ab 1506 erbaut und im Jahr 1626 fertiggestellt.

Er bildet das Herzstück des Vatikans und sollte bei einem Besuch in Rom unbedingt von Ihnen besichtigt werden!

Engelsburg

Die Engelsburg (it. 'Castel Santangelo') ist ein mindestens genauso geschichtsträchtiger Ort wie der Petersdom. Ursprünglich wurde sie als Mausoleum für den römischen Kaiser Hadrian und seine

Nachfolger erbaut, doch schon bald wurde sie durch die Päpste zur Kastellburg umfunktioniert und in dieser Funktion bis zum Jahr 1901 als Zufluchtsort für die Päpste bei drohender Gefahr in Rom genutzt. Zeitweise diente die Engelsburg auch als Gefängnis der Päpste.

Ihren Namen bekam die Engelsburg dann im Jahr 590 zugeteilt, denn zu dieser Zeit wütete die Pest in Rom und Papst Gregor I. (Gregor der Große) soll über der Burg den Erzengel Michael erblickt haben, der ihm das Ende der Pest prophezeite, welches kurz darauf auch eintraf. Aus diesem Grund befindet sich auch heute noch ein Engel auf der Spitze der Burg.

Seit dem Jahr 1906 ist die Engelsburg bis heute ein Museum, welches Sie besichtigen können und das Ihnen einen Einblick in diesen Teil der Geschichte Roms gewährt. Von der Plattform der Engelsburg haben Sie außerdem einen spektakulären Ausblick auf die Ewige Stadt.

Pantheon

Das Pantheon ist ein weiteres römisches Gebäude aus der Antike. Der Bau des Pantheons wurde unter Kaiser Trajan 114 n. Chr. begonnen und während der Regentschaft des Kaisers Hadrian zwischen 125 und 128 n. Chr. abgeschlossen. Damals war es ein Heiligtum, in dem Statuen verschiedener Gottheiten aufgestellt waren und welches allen Göttern gewidmet war.

Im Jahr 609 n. Chr. wurde das Pantheon schließlich in eine christliche Kirche umgewandelt und ist heute eine römisch-katholische Kirche mit dem offiziellen Namen 'Santa Maria ad Martyres'. Durch eine früher gebräuchliche Namensvariante als 'Sancta Maria Rotonda' und die runde Bauform trägt das Bauwerk in Rom heute im Volksmund den Namen 'La Rotonda'.

Lange Zeit hatte das Pantheon als Gebäude auch die größte Kuppel der Welt und ist bis heute noch eines der Bauwerke der Antike, die am besten erhalten sind. In der Kuppel des Pantheons befindet sich eine runde Öffnung, die einen Durchmesser von 9 Metern hat, und trotzdem werden Sie feststellen, dass es im Inneren auch bei Regen nie nass ist, denn der Boden ist zur Mitte geneigt und mit Abflüssen versehen.

Allein dieses Meisterwerk architektonischer Baukunst sollte Sie bereits veranlassen, eine

Besichtigung des Pantheons fest in Ihren Aufenthalt in Rom einzuplanen.

Zudem ist das Pantheon die Grabstätte vieler berühmter Künstler wie zum Beispiel des Malers Raffael.

Vatikanische Museen

In den Vatikanischen Museen können Kunstliebhaber wahre Schätze von der Antike über das Mittelalter bis in die Renaissance und vieles Weitere mehr entdecken. Es handelt sich dabei um einen Zusammenschluss mehrere Museen, die sich alle in unterschiedlichen Teilen des vatikanischen Palastes befinden. Der Begründer dieser Sammlung soll Papst Julius II. gewesen sein, der ab ca. 1506 anfing, verschiedene Skulpturen zu erwerben.

In den Folgejahren wurde der Papstpalast kontinuierlich erweitert, sodass er heute ungefähr 1400 Räume auf einer Fläche von 55.000 Quadratmetern umfasst, der Großteil dieses Komplexes ist für die Öffentlichkeit zugänglich und nur ein kleiner Teil ist für den Papst und sein Gefolge vorbehalten. Der bekannteste Teil dieser Museen ist die Sixtinische Kapelle.

Sixtinische Kapelle

Die Sixtinische Kapelle (it. 'Capella Sistina') ist ein Teil des Papstpalastes. Sie wurde zwischen 1475 und 1483 im Auftrag ihres Namensgebers Papst Sixtus IV. erbaut und beherbergt viele berühmte Gemälde, unter denen sich zum Beispiel Kunstwerke von Botticelli und Michelangelo befinden.

Die Deckenmalereien von Michelangelo sind dabei besonders bekannt, denn sie stellen Szenen aus der Genesis dar und der Ausschnitt 'Die Erschaffung Adams' ist das bestimmt am meisten kopierte Werk dieser Zeit und weltberühmt.

In der Sixtinischen Kapelle findet das Konklave statt, wann immer ein neuer Papst gewählt werden muss. Besucher können die Sixtinische Kapelle allerdings nur durch die Vatikanischen Museen hindurch betreten.

Vatikanische Angestellte hingegen können Ihre Kinder in der Sixtinischen Kapelle taufen lassen, was sicherlich eine Besonderheit darstellt.

T O U R I S T I S C H E   H I G H L I G H T S

Trevi-Brunnen

Der Trevi-Brunnen (it. 'Fontana di Trevi') ist der Publikumsmagnet der Ewigen Stadt und eine der wichtigsten Sehenswürdigkeiten, wenn Sie Rom besuchen.

Ursprünglich endete schon im antiken Rom an dieser Stelle ein Aquädukt, welches die Wasserversorgung für die Thermen dieses Stadtviertels durch drei Quellen sicherstellte. Außerdem treffen an diesem Platz drei Straßen (it. 'tre vie') aufeinander, sodass diese beiden Ansätze für die Namensgebung des Brunnens verantwortlich sein könnten.

In seiner heutigen Form wurde der Trevi-Brunnen im Auftrag Papst Clemens XII. durch den Architekten Nicola Salvi um 1732 entworfen und schließlich 1762 durch Giuseppe Pannini fertiggestellt. Den zentralen Mittelpunkt des Brunnens bildet eine Darstellung des Gottes Oceanus. Der Trevi-Brunnen ist der größte Brunnen Roms!

Seit vielen Jahren hält sich zudem die Legende, dass man eine Münze über die Schulter in den Brunnen werfen muss, wenn man sicher nach

Rom zurückkehren möchte. Auf diese Weise kommen jährlich immense Summen zusammen, die die Stadt Rom wohltätigen Einrichtungen wie zum Beispiel der Caritas spendet.

Spanische Treppe

Die Spanische Treppe (it. ‚Scalinata di Trinità dei Monti‘) ist die Verbindung zwischen der Piazza di Spagna und der französischen Kirche ‚Santa Trinità dei Monti‘. Den deutschen Namen ‚Spanische Treppe’ erhielt sie dadurch, dass sie an besagter Piazza di Spagna liegt, an der sich auch die spanische Botschaft befindet.

Erbaut wurde sie ab 1723 auf Bestreben des Papstes Innozenz XIII. sowie des französischen Königs Ludwig XII., der sich einen würdigen Aufstieg zu der von ihm finanzierten Kirche wünschte. Die Konkurrenz zwischen königlichen und päpstlichen Interessen spiegelt sich auch in der Bauweise der Treppe wider, die in den Symbolen Lilien (für den König) und Adlern (für den Papst) zu erkennen ist. Der führende Architekt bei der Erbauung war Francesco De Sanctis. Insgesamt hat die Treppe 138 Stufen.

Heute ist die Spanische Treppe ein bei Touristen sehr beliebtes Fotomotiv und ein viel besuchter Treffpunkt und auch die Modebranche bedient sich häufig dieser Kulisse, um auf der Spanischen Treppe Modeschauen abzuhalten. Dies rührt vor allem auch daher, dass die Treppe unweit der Via Condotti, der Modemeile Roms, liegt.

Piazza Navona

Wenn Sie auf der Suche nach einem zu jeder Tageszeit belebten Platz in Rom sind, dann werden Sie auf der Piazza Navona fündig. Die Piazza Navona versinnbildlicht einen typischen barocken Platz in der Ewigen Stadt und wird von drei Springbrunnen geziert.

Ursprünglich befand sich in der Antike an dieser Stelle ein Stadion für sportliche Wettkämpfe nach griechischem Vorbild, welches die länglich-ovale Form des Platzes erklärt.

In der Zeit des Barock wurde der Platz dann nach dem Vorbild der antiken Kaiserforen komplett neugestaltet. Dabei entstanden die heute noch vorhandenen drei Brunnen auf dem Platz: Im Süden der Mohrenbrunnen (it. 'Fontana del Moro'), im Norden der Neptunbrunnen (it. 'Fontana del Nettuno') und in der Mitte der Vierströmebrunnen (it. 'Fontana dei Quattro Fiumi').

Alle drei Brunnen wurden von dem bekannten Bildhauer und Architekten Bernini angelegt beziehungsweise neugestaltet. Als Herzstück des Platzes zählt dabei der Vierströmebrunnen, der um 1650 entstand und dessen beeindruckende vier Skulpturen die zur damaligen Zeit bedeutendsten Flüsse der Welt darstellen. Die Donau steht dabei für Europa, der Ganges symbolisiert Asien, der Nil verkörpert Afrika und der Rio della Plata ist das Sinnbild Amerikas.

Ein weiteres Highlight der Piazza Navona ist die ebenfalls um 1650 von Borromini erbaute Kirche Sant' Agnese.

Heute ist die Piazza Navona von zahlreichen Cafés umgeben und Straßenkünstler und viele fliegende Händler prägen das Bild, sodass der Platz ein echter Anziehungspunkt für Touristen geworden ist.

Trastevere

Das Viertel Trastevere (lat. ‚trans Tiberim' = ‚jenseits des Tibers'), welches sich auf der anderen Seite des Tibers befindet, verströmt ein ganz besonderes Flair für Touristen und Einheimische.

Einst war es das Viertel der Arbeiter, Einwanderer und weiterer Randgruppen, bevor es touristisch immer weiter erschlossen wurde. In Trastevere befindet sich eine der ältesten christlichen Kirchen Roms, die Kirche 'Santa Maria in Trastevere'.

Heute hat man das Gefühl, Trastevere sei weiterhin ein Dorf in der Stadt, und das Bild des Viertels ist geprägt von viel Kultur und Gastronomie, welche zum Verweilen und Genießen einlädt.

GEHEIMTIPPS

In diesem Kapitel werden Sie nun zwei weitere Vorschläge finden, die es Ihnen ermöglichen sollen, noch tiefer in die Geschichte Roms einzutauchen. Bevor es so weit ist, möchte ich Ihnen aber ebenfalls noch zwei generelle Tipps geben, die bei allen Besichtigungen und Unternehmungen, die

Sie in der Ewigen Stadt machen werden, nützlich sein können.

Tipp 1: Öffentliche Toiletten Bei so vielen Besichtigungen bleibt es nicht aus, dass Sie irgendwann einmal eine öffentliche Toilette brauchen werden. Ohne Ortskenntnisse kann es manchmal schwierig sein, diese auch auf Anhieb zu finden. Nutzen Sie daher die Website https://pee.place.de um sich die öffentlichen Toiletten anzeigen zu lassen – sie funktioniert auch für Rom!

Tipp 2: Taschendiebe Man liest sehr oft, dass es viele Taschendiebe in Rom geben soll. Dies bedeutet aber keineswegs, dass gleich jeder Tourist in der Stadt überfallen oder bestohlen wird. Achten Sie dennoch immer auf Ihr Gepäck und Ihre Taschen!

Bei Besichtigungen empfiehlt es sich, eine gut verschließbare Tasche oder einen Rucksack zu haben. Diese können Sie bei größeren Menschenansammlungen auch gut und übersichtlich vor dem Körper tragen!

> Auch Brustbeutel haben sich für Wertsachen bisher stets bewährt!

Lassen Sie uns jetzt noch einmal zu den bereits erwähnten Vorschlägen zurückkehren.

Domus Aurea

Nach dem Brand von Rom im Jahr 64 n. Chr. ließ Kaiser Nero auf dem Gebiet des früheren Palastes – der ‚Domus Transitoria' – eine Art Übergangshaus, einen neuen Palast mit dem Namen ‚Domus Aurea' (lat. = das Goldene Haus) errichten. Dieses Gebäude war eher ein Landgut als ein Palast, es hatte mehr als 300 Zimmer und die gesamte Fläche betrug ca. 80 ha. Den Namen erhielt es dadurch, dass die gesamten Decken und Wände innen bemalt und mit Marmor, Elfenbein, Halbedelsteinen oder sogar Gold verkleidet wurden. Somit galt es als das extravaganteste Bauwerk in der Geschichte Roms.

Heute ist die Domus Aurea nach vielen Jahren mit umfangreichen Restaurierungsarbeiten wieder für Touristen zugänglich und kann ausschließlich durch die Buchung einer Führung besichtigt werden. Das Besondere daran ist, dass die Führungen mithilfe von Virtual Reality durchgeführt werden, sodass Sie die Möglichkeit haben, Neros damaligen Palast in seiner ganzen Pracht erkunden zu können und vollständig in diese spannende Zeit eintauchen werden!

Gruft der Kapuziner

Eine andere spannende, aber auch etwas bizarre Besichtigungstour können Sie in einer weiteren Kirche Roms erleben. Die Kapuziner sind eine Abspaltung der Franziskanermönche und erhielten ihren Namen dadurch, dass sie stets einen Habit mit Kapuze, welche den Kopf bedeckt, trugen.

Von 1626 bis 1631 wurde die Kirche ‚Santa Maria Immacolata a Via Veneto' oder auch ‚Nostra Signora della Concezione dei Cappuccini' (= Unsere Liebe Frau von der Empfängnis der Kapuziner) im Auftrag von Kardinal Antonio Barberini, dem Bruder Papst Urbans VIII., erbaut.

In der Krypta dieser Kirche ließ Kardinal Barberini dann ein Ossuarium (= Beinhaus) aus den Überresten tausender bereits verstorbener Mönche entstehen, indem er diese kunstvoll zu

Wanddekorationen und biblischen Darstellungen neu arrangierte. Insgesamt ruhen hier auf diese Weise die Überreste von ca. 3600 Brüdern, die zwischen 1500 und 1870 beigesetzt worden waren.

Heute können Sie das dortige Museum, in dem sich übrigens auch eine von Caravaggio gefertigte Darstellung des heiligen Franziskus und ein Gemälde von Guido Reni, welches den Erzengel Michael abbildet, befindet, besichtigen und anschließend die Gruft, die aus mehreren Räumen besteht, erkunden.

Wenn Sie auch die dort verbreitete Botschaft (lat.) ‚Quod fuimus, estis, quod sumus, eritis', was man mit ‚Wir waren, was ihr seid, und was wir sind, werdet ihr sein' übersetzen könnte, nicht abschreckt, so können Sie das Museum täglich von 9 bis 19 Uhr besichtigen. www.capuccinivia-veneto.it

Essen und Trinken

Haben Sie nach so vielen Informationen und Eindrücken nicht langsam auch schon Hunger bekommen? Dann lassen Sie uns etwas essen gehen!

WISSENSWERTES

In italienischen Restaurants ist einiges anders als bei uns in Deutschland. Bei Ihrem Aufenthalt in Rom werden Sie als Erstes feststellen, dass meistens schon ein Kellner draußen vor der Tür steht. Er hat die Aufgabe, gezielt Menschen auf der

Straße anzusprechen und als Gäste zu gewinnen – manchmal geschieht dies auch auf sehr hartnäckige Weise!

Zudem werden Sie dann auch sehr oft von einem Kellner zu einem freien Platz im Restaurant geführt, sodass Sie sich relativ selten selbst einen Platz aussuchen können. Meistens ist das Essen in den Restaurants auch mit einem gewissen Preis für das Gedeck verbunden.

Besonders deutlich können Sie dies bemerken, wenn Sie einen Kaffee trinken gehen möchten. Trinken Sie diesen an einem Platz im Restaurant, ist er teurer, als wenn Sie ihn direkt an der Bar trinken.

<u>Tipp 1:</u> Trinken Sie Kaffee am besten immer an der Bar! (it. ‚al banco')

Viele der Restaurants in Rom haben eine Speisekarte auf Italienisch und auf Englisch. Sollte es einmal nur eine italienische Karte geben, lassen Sie sich einfach überraschen – es findet sich garantiert immer etwas Leckeres!

> **Tipp 2**: Probieren Sie unbedingt einmal eine klassische römische Spezialität: Artischocken auf römische Art (it. ,Carciofi alla Romana')
>
> Achtung! In Rom gibt es viele Straßenhändler, die vorgeben, Ihnen etwas (z. B. ein handgefertigtes Armband) schenken zu wollen. Lassen Sie sich bitte nicht darauf ein, denn meistens erwarten die Verkäufer dann auch, dass Sie Ihnen etwa einen Kaffee oder Ähnliches spendieren!

Und kennen Sie schon den Unterschied zwischen neapolitanischer und römischer Pizza? Die neapolitanische Pizza hat einen sehr dünnen Boden und die klassische runde Form. Wenn Sie dagegen eine römische Pizza bestellen, erhalten Sie oft eine rechteckige Pizza mit einem wesentlich dickeren Boden. Probieren Sie es aus!

DIE 3 BESTEN RESTAURANTS IN ROM

Nun möchte ich Ihnen gern drei Restaurants vorschlagen, in denen Sie vieles, was Rom ausmacht, wiederfinden werden. Auch hier gibt es natürlich wieder zahlreiche weitere Lokalitäten, sodass die Stadt für jeden Geschmack etwas zu bieten hat.

1. alterNATIVO drink&food: Dieses kleine Bistro liegt auf der Piazza di Santa Maria alle Fornaci 21–22 und lädt zu gemütlichen Abenden mit gutem Wein und vielen leckeren Kleinigkeiten ein. Es ist ideal für alle, die gern in etwas alternativem Ambiente und beschaulicher, aber moderner Atmosphäre speisen wollen.

2. Hostaria I Quattro Mori: Dieses Restaurant liegt an der Via die Santa Maria alle Fornaci 8 und gilt als das Stammlokal einiger Geistlicher und sogar des einen oder anderen Papstes! Hier erwarten Sie viele leckere mediterrane Speisen und ein reichhaltiges Angebot an Fischgerichten oder Fleischgerichten, welche Sie in freundlicher und entspannter Atmosphäre genießen können.

3. La Fraschetta: Wenn Sie einmal richtig klassisch italienisch essen wollen und sich dazu auch noch das typische Ambiente eines italienischen Restaurants wünschen, dann sind sie im La Fraschetta in der Via die San Francesco a Ripa 134 im Stadtviertel Trastevere genau richtig. Hier bekommen Sie alles von Pasta bis Pizza, was bei einem Besuch in Rom nicht fehlen darf!

ALTERNATIVEN

Sollten Sie aber einmal nicht so viel Zeit zum Essen haben oder nur eine Kleinigkeit für zwischendurch bevorzugen, damit Sie mehr von der Stadt sehen können, so gibt es auch dafür die perfekte Alternative. In Rom gibt es viele Imbisswagen, die leckere warme oder kalte Sandwiches anbieten und dabei schnell und recht günstig sind.

Diese Variante eignet sich auch sehr gut, wenn Sie unterwegs während einer Stadtführung Hunger bekommen sollten oder in einer Gruppe reisen und nur kurze Pausen zwischen Ihren Programmpunkten haben.

Shopping in Rom

Mode, Shopping, jede Menge Souvenirs und ganz viele weitere Mitbringsel aus dem Vatikan – auch dafür ist Rom bekannt und wird Sie nie in die Verlegenheit bringen, nicht zu wissen, was Sie aus diesem Urlaub mitbringen sollen, denn die Auswahl ist wieder einmal riesig! Planen Sie daher unbedingt auch genug Zeit zum Stöbern in den vielen Geschäften und zahlreichen Shops mit ein!

MODE

Modebegeisterte werden in Rom ein kleines Paradies vorfinden. Um Ihnen zu zeigen, wo Sie am besten einkaufen können, möchte ich Ihnen im Folgenden 3 verschiedene Gebiete der Ewigen Stadt vorstellen, damit Sie einen besseren Überblick haben und gezielt nach Shoppingvorlieben vorgehen können.

Wie Sie sich sicher noch erinnern, erwähnte ich bereits in der Einleitung zu diesem Buch die Via Condotti. Hier sind Sie genau richtig, wenn Sie die großen Marken und Designer italienischer Mode suchen, denn in dieser Straße reiht sich eine Boutique an die nächste und Sie können Designermode von Giorgio Armani, Versace, Gucci, Dolce e Gabbana, Bulgari oder Valentino erstehen. Aber auch, wenn Sie hier nichts kaufen möchten, lohnt es sich trotzdem, einfach durch die Straße zu bummeln und die Auslagen in den Schaufenstern zu bestaunen. Nicht umsonst heißt diese Straße aber bei den Römern selbst auch die ‚Chic & Shock-Straße', denn garantiert kann sich hier jede Frau elegant und chic einkleiden, der Mann erleidet danach aber beim Bezahlen einen kleinen Schock! ☺

Die Via Condotti liegt somit in dem Viertel, welches ‚Tridente' genannt wird und aus drei zusammenlaufenden (Haupt-)Straßen, nämlich der Via di Ripetta, der Via del Corso und der Via del Babuino, besteht. In allen diesen Straßen werden Sie nach Herzenslust shoppen können und hier befindet sich auch die Piazza di Spagna mit der Spanischen Treppe. An diesem Platz haben sich viele Ateliers und Schmuckgeschäfte angesiedelt und viele der dort liegenden Geschäfte haben sich ausschließlich der Alta Moda gewidmet.

Wenn Sie dagegen lieber die modernen bekannten Einkaufsketten wie H&M, Zara oder Benetton suchen, werden Sie dabei auf dem unteren Teil der Via del Corso, in Richtung Piazza Venezia, fündig. Außerdem gibt es dort auch die große Einkaufsgalerie ‚Galleria Alberto Sordi', in der Sie Marken wie Bershka oder Calvin Klein entdecken können. Darüber hinaus lohnt sich ein Besuch in der Galerie aber auch, da diese seit dem Jahr 1922 nicht mehr verändert wurde.

Interessieren Sie sich jedoch nicht für moderne oder neue Kleidung, sondern sind auf der Suche nach Secondhandläden, könnte Sie besonders das Viertcl ‚Monti' begeistern. Hier werden

Sie in den vielen Gässchen vor allem kleine Vintage- und Designläden und Antiquitäten-Shops finden. Besonders sehenswert sind die Straßen Via del Governo vecchio und die Via del Boschetto. Zudem finden hier sehr häufig an den Wochenenden jede Menge Flohmärkte statt.

Extratipp: In Rom können Sie – wie oftmals in ganz Italien – sehr günstig toll verarbeitete und sehr elegante Echtlederschuhe kaufen, diese Gelegenheit sollten Sie sich nicht entgehen lassen!

Die meisten Geschäfte in Rom öffnen gegen 10 Uhr morgens und schließen zwischen 20 oder 21 Uhr abends. Bei kleineren Läden kann es sein, dass diese eine Mittagspause (it. ‚Siesta') einlegen.

SOUVENIRS UND POST

Möchten Sie Souvenirs in Rom kaufen, so müssen Sie gar nicht lange danach suchen. In der Stadtmitte gibt es zahlreiche Souvenir-Shops und jede Menge Gelegenheiten, um die passende Urlaubserinnerung zu erstehen.

Wenn Sie dagegen Postkarten aus Rom verschicken möchten, bieten sich Ihnen mehrere Möglichkeiten. Zum einen können Sie in Rom Postkarten aus dem Vatikan verschicken. Die vatikanische Post gilt als besonders schnell und zuverlässig. Wichtig ist aber, dass die Post des Vatikans ein eigenes System ist und über eigene Briefkästen und Postämter direkt auf dem Petersplatz verfügt.

Alternativ können Sie Ihre Post aber auch über das normale italienische Postsystem verschicken. Hierbei sollten Sie dann allerdings die ‚Posta Prioritaria' wählen, um den Versand zu beschleunigen. Die Briefkästen in Rom sind übrigens für die Inlandspost im Allgemeinen rot und für die Auslandspost blau. Briefmarken können Sie entweder direkt bei der Post kaufen oder in einem der vielen Tabakläden (it. ‚Tabacchi') erstehen.

Achtung! Seit einigen Jahren gibt es in Rom sogenannte GPS-Briefmarken. Frankiert man seine Postkarten damit, soll man angeblich den Postweg seiner Karten verfolgen können. Diese Karten darf man dann auch nur in spezielle gelbe Postkästen einwerfen.

Fakt ist, dass die italienische Post die GPS-Post tatsächlich nicht akzeptiert und es sich hierbei eher um ein dubioses und überteuertes Geschäftsmodell handelt!

DEVOTIONALIEN

Wenn Sie beabsichtigen, religiös geprägte Souvenirs aus Rom mitzunehmen, sollten Sie diese am besten direkt im Vatikan kaufen. Es gibt dort kleinere Shops, die z. B. gleich an den Petersdom angegliedert sind.

Möchten Sie dagegen eine etwas größere Auswahl haben, so empfiehlt sich der Shop ‚Mondo Cattolico' unmittelbar an der Grenze zum Vatikan. Hier werden Sie ein gut sortiertes Angebot an Rosenkränzen, Mosaiken, Statuen, Kreuzen, Medaillen und weiteren tollen Devotionalien vorfinden und auch das begehrte Weihwasser können Sie dort kaufen.

www.mondocattolico.it

LEBENSMITTEL

In Rom ist es sehr einfach, sich mit Lebensmitteln für den täglichen Bedarf einzudecken. Es gibt viele Kioske, die Getränke und auch ein kleines Sortiment an Nahrungsmitteln verkaufen. Darüber hinaus gibt es in der Stadt aber auch besonders die Supermarktkette ‚Carrefour'. In diesen Läden werden Sie auch sehr viele Artikel finden können, die Sie von Zuhause kennen.

Des Weiteren bietet sich Ihnen auch immer die einmalige Gelegenheit, auf den Wochenmärkten frisches Obst und Gemüse zu kaufen. Ein besonders schöner Markt findet jeden Morgen (bis auf sonntags) auf dem Campo de Fiori statt.

ACHTUNG! Bitte kaufen Sie keine Trinkwasserflaschen bei den unzähligen fliegenden Händlern Roms. Oftmals sind diese Flaschen bereits mit verunreinigtem Wasser wieder befüllt, weshalb die Römer dieses Wasser im Volksmund auch als ‚Mäusewasser' bezeichnen!

In Rom gibt es aber viele Trinkbrunnen, an denen Sie gefahrlos Ihre Flaschen neu befüllen können und die extra dafür gedacht sind.

Konversation

Auch wenn Sie zum ersten Mal nach Rom reisen und kein Italienisch sprechen, müssen Sie sich keine Sorgen um die Verständigung machen.

Vieles können Sie sich in Rom aus anderen Sprachen ableiten (Italienisch hat z. B. immer noch sehr viel Ähnlichkeiten mit Latein). Zudem sprechen gerade viele junge Menschen in Rom auch Englisch. Die Stadt ist außerdem immer auf ihre vielen Besucher vorbereitet, sodass zumindest an vielen der Sehenswürdigkeiten die Beschilderung auch mehrsprachig vorhanden ist.

Ansonsten finden sich aber auch immer Mittel und Wege, um sich verständigen zu können.

Dennoch ist es immer schön, wenigstens ein paar Sätze und wichtige Floskeln in der Landessprache zu beherrschen – manches Mal erweist sich dies als rettende Lösung!

Generell mögen es die Italiener auch, wenn Sie sich bemühen, Italienisch zu sprechen.

BEGRÜßUNG

Hallo!/ Tschüss! = Ciao!
Guten Tag!/ Guten Morgen! = Buon giorno!
Guten Abend! = Buona Sera!
Gute Nacht! = Buona Notte!
Auf Wiedersehen! = Arrivederci!

WEITERE WICHTIGE SÄTZE

Ich heiße ... = Mi chiamo ...
Ich bin Deutsche/ Ich bin Deutscher = Sono tedesca/ Sono tedesco
Wie viel kostet das? = Quanto costa?
Wo ist der Bahnhof? = Dov è la stazione?
Wo ist das Postamt? = Dov è l ufficio postale?

Wo ist der Flughafen? = Dov è l aeroporto?
Ich brauche einen Arzt = Ho bisogno di un dottore

Schlusswort

Langsam neigt sich auch dieses Buch nun dem Ende zu. Ich hoffe, Sie konnten während des Lesens viele nützliche und informative Tipps gewinnen und sich für Rom begeistern.

Im ersten Kapitel habe ich Sie, liebe Leser, danach gefragt, was Sie mit der Ewigen Stadt verbinden und was Rom für Sie ausmacht. Vielleicht hat Sie anfangs nur eine Facette dieser Stadt besonders beeindruckt oder angezogen. Vielleicht kannten Sie Rom schon ein bisschen aus Erzählungen von anderen Reisenden. Aber auch, wenn Ihnen die Stadt gänzlich unbekannt und neu war, so hoffe ich doch, dass Sie alle nach Ihrem Aufenthalt dort sagen werden: ,Rom. Das ist die Stadt, die immer eine Reise wert ist!'

Im besten Fall werden sogar aus den Geschichtsliebhabern unter Ihnen nun auch begeisterte Kunstkenner und diese wiederum entdecken bei einem Einkaufsbummel durch Rom moderne Schätze für sich. Wie schön wäre es, wenn Sie Ihre Reise nach Rom ursprünglich aus einer spirituellen Motivation heraus angetreten hätten und dann auch ganz viele weltliche Erlebnisse Ihrer Fahrt in guter Erinnerung behalten würden oder Sie irgendwann einmal völlig unvoreingenommen und eher zufällig in Rom strandeten und sich dann Hals über Kopf in die Stadt verliebten?

Eines wäre gewiss: Diese Liebe würde ewig halten! Ich bin mir aber auch sicher, dass Sie in dieser schönen Stadt so viel sehen und erleben werden, dass Sie anschließend selbst ganze Bücher darüber schreiben könnten.

Daher sei gesagt, was auch immer Sie eines Tages nach Rom führt, ich hoffe sehr, dass Ihre Reise ein unvergesslicher Aufenthalt für Sie wird, an den Sie noch lange und immer wieder gern zurückdenken und der Sie am Ende selbst einfach sagen lässt:

Ti amo, Roma!

Herstellung und Verlag:

BoD – Books on Demand, Norderstedt

ISBN: 9783756226771

© Roman Hünsche 2022

1. Auflage

Kontakt: Psiana eCom UG/ Berumer Str. 44/ 26844 Jemgum

Covergestaltung: Fenna Larsson

Coverfoto: depositphotos.com